mejor juntos*

* Este libro se lee mejor juntos, adulto y niño.

akidsco.com

a kids book about

un libro para niños sobre INMIGRACIÓN

por MJ Calderon

A Kids Co.
Edición Denise Morales Soto
Diseño Duke Stebbins
Dirección creativa Rick DeLucco
Gestión de estudio Kenya Feldes
Dirección de ventas Melanie Wilkins
Dirección editorial Jennifer Goldstein
Director general y fundador Jelani Memory

DK
Equipo técnico de Delhi Bimlesh Tiwary Pushpak Tyagi, Rakesh Kumar
Edición de producción Jennifer Murray
Control de producción Louise Minihane
Adquisiciones editoriales Katy Flint
Edición de proyectos de adquisición Sara Forster
Dirección de arte Vicky Short
Dirección de publicaciones Mark Searle

De la edición en español
Traducción Nohemi Saldaña
Revisión Fernanda Gómez
Composición y maquetación Sara García
Coordinación de proyecto Lakshmi Asensio
Dirección editorial Elsa Vicente

Publicado originalmente en Estados Unidos,
2025 DK Publishing, 1745 Broadway, 20th Floor,
New York, NY 10019

Publicado en Reino Unido en 2025
Dorling Kindersley Limited, 20 Vauxhall Bridge Road,
London SW1V 2SA
A Penguin Random House Company

Copyright © 2025 Dorling Kindersley Limited
© Traducción española: 2025 Dorling Kindersley Limited

Título original: *A Kids Book About Inmigration*
Primera edición: 2025
001-336890-Sept/2025

Reservados todos los derechos.
Queda prohibida, salvo excepción prevista en la ley, cualquier forma
de reproducción, distribución, comunicación pública y transformación de
esta obra sin la autorización escrita de los titulares de la propiedad intelectual.

ISBN: 978-0-2417-4383-6

Impreso en China

www.dkespañol.com
akidsco.com

*Este libro se lo dedico a mi madre,
mi heroína de verdad*

Introducción
para adultos

Aprender del mundo y sobre aquellos que lo habitan, es un viaje difícil y agotador. Muchos adultos cometen el error de evadir ciertos temas que ellos también crecieron ignorando, en vez de tomarse el tiempo de hacer preguntas y aprender algo.

Si bien, la inmigración es un tema importante, también es un tema complicado. La inmigración con frecuencia involucra tomar decisiones difíciles como resultado de la desesperación, miedo, y por amor, guiado solo por la esperanza. La meta de este libro no es convertirte en un experto en inmigración, sino apoyar la discusión y entender que todos contribuimos a hacer de nuestro país y del mundo entero un lugar mejor para todos, incluidos nosotros mismos. No importa quiénes somos, o de dónde venimos, todos somos importantes.

Lo que cuenta es que todos somos seres humanos.

Inmigración:

Es una palabra
muy grande, ¿no?

Pues su significado es
aún más grande.

La palabra **inmigración** se refiere a cuando te vas del país donde naciste, para irte a vivir a otro país.

¿Suena simple, verdad?
Pero en realidad no lo es.

Hay muchas razones
por las que alguien
deja su país de origen.

A veces las personas se mudan porque desean aprender y experimentar una cultura diferente o para vivir en un lugar diferente...
pero en muchos casos, las razones son más complicadas.

Muchas personas se ven obligadas a dejar su país de origen porque están huyendo de peligro.

A veces carecen de cosas básicas como comida, buena educación o atención médica.

Otras veces, los padres deciden dejar su país de origen para poder dar a sus hijos una vida mejor.

Con frecuencia las personas no quieren dejar su hogar, pero no tienen ninguna otra opción.

Pero no importa la razón por la cual te vayas de tu país de origen, cuando te mudas a otro país, eres un **inmigrante**

Mi familia y yo nacimos en México.

Cuando yo tenía alrededor de 5 años, mi mamá tomó la decisión de ir a vivir a los Estados Unidos de América.

Mi madre estaba cansada de vivir en una ciudad peligrosa, con muy pocos recursos y falta de oportunidades para sus hijos.

Así que tomó la decisión, aunque fue muy difícil, de dejarme a mí y a mi hermano menor atrás, para irse a encontrar una vida mejor para nosotros.

Mi madre tuvo 3 trabajos al mismo tiempo para ahorrar el dinero suficiente para pagarle a un "coyote*", y que pudiéramos estar juntos otra vez.

*Un coyote es alguien que ayuda a las personas a llegar a los Estados Unidos como si fueran contrabando a cambio de dinero.

Es muy difícil llegar a
un país como los Estados
Unidos de América.

**Para poder entrar
a los Estados Unidos
de manera legal,**
hay una larga lista de cosas
que necesitas tener, ser y hacer.

Necesitas tener mucha educación, suficiente dinero y muchas otras cosas más.

Para que una persona sea considerada apta, todo esto es necesario.

Es un proceso complicado
que también tarda mucho mucho m

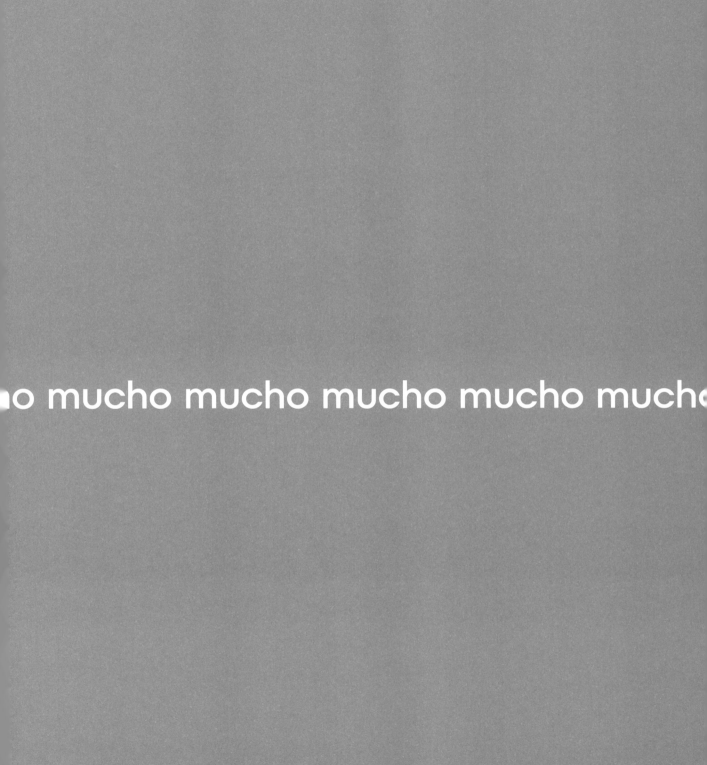

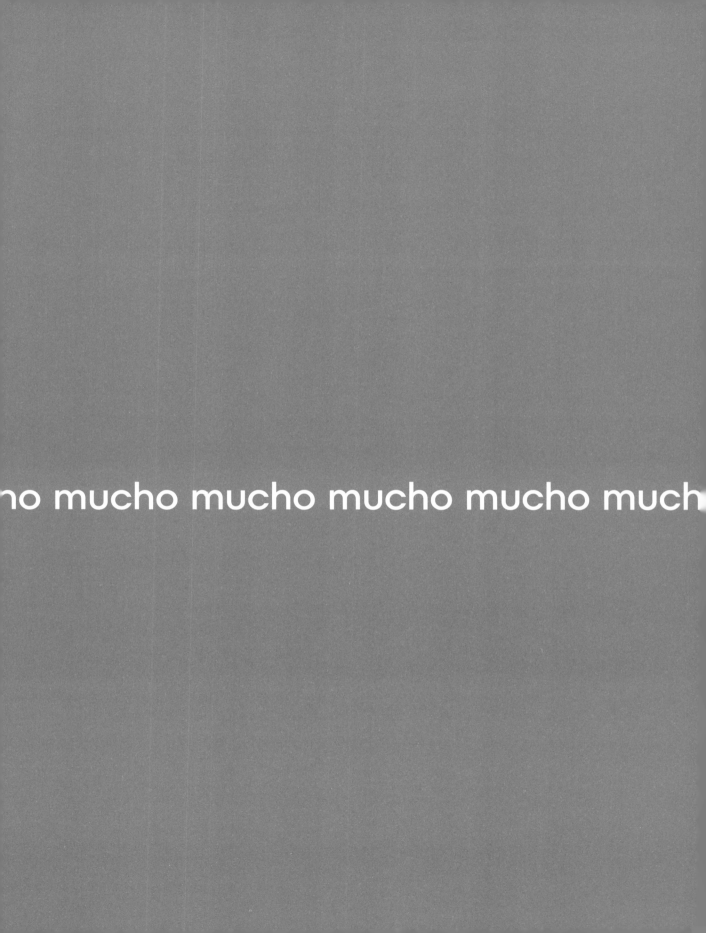

mucho mucho mucho mucho tiempo.

¡Algunas veces puede llegar a tardar 10 años!

La mayoría de las personas que consideran dejar su país no cumplen con estos requisitos.

Y aunque sí cuenten con estos, todavía les pueden negar el permiso.

Nada está garantizado.

Esto con frecuencia deja a las personas **desesperadas** y sin ninguna otra opción que la de emprender el viaje que es más difícil y peligroso.

A veces ese viaje es físicamente peligroso, como lo fue para mi madre cuando cruzó el desierto.

En otras ocasiones, el viaje es difícil emocionalmente, como lo fue para mi hermano pequeño y para mí.

Mientras mi madre tuvo que enfrentarse a serpientes y cruzar un canal de agua peligroso, **mi hermano y yo** fuimos maltratados por muchos extraños crueles cuando viajábamos **a nuestro nuevo hogar.**

Con frecuencia cuando hablamos sobre inmigrantes o inmigración, escuchamos palabras como "ilegal" o "alienígena."

Esas palabras son **deshumanizantes*** y también se usan para hacer a los inmigrantes sonar como villanos o personas peligrosas.

*La palabra deshumanizar se refiere tratar a una persona como si no fuera humana o a hacerla sentir mal por el mismo motivo.

Referirse a los inmigrantes con esas palabras solo hace que hablar sobre la inmigración sea más complicado.

Esto hace muy difícil hablar sobre inmigración y además hace que los inmigrantes teman compartir sus historias de lucha, abogar por cambios o pedir ayuda cuando la necesitan.

Así que
no nos llames alienígenas,
porque los inmigrantes
no venimos de otro planeta.*

Y no nos digas ilegales,
porque no todos
somos criminales.

*Al menos que seas Superman.
¡Él es un inmigrante y un alienígena!

Algunos de nosotros solo somos indocumentados.*

*El término "indocumentado" se refiere a alguien que no tiene todos los documentos requeridos para vivir en otro país.

¡Los inmigrantes no son malas personas!

Y hablar sobre inmigración tampoco es nada malo.

Solo tienes que preguntar, ser curioso con el tema, y si tú conoces a alguien que es de otro país, no tengas miedo a simplemente preguntar sobre...

Pero cuando hagas preguntas, **tienes que estar muy atento.**

Porque entonces te darás cuenta de todo lo que hay que *aprender y descubrir* cuando escuchas con atención.

Pero también recuerda que a veces, las personas no van a querer hablar sobre el tema, ¡y eso también está bien!

Con frecuencia,
los inmigrantes indocumentados
se sienten fuera de lugar y
se les trata de forma diferente
solo por su estatus legal.*

*Estatus legal se refiere a la posición en la sociedad de una persona de acuerdo con la ley. El estatus legal de alguien determina lo que pueden hacer y no hacer en el lugar donde vive.

Muchas veces, eso es lo único que ven.

Pero mi estatus legal no define quien soy o lo que valgo.

Hay inmigrantes a nuestro alrededor y vienen de todas partes del mundo.

Los inmigrantes pueden realizar cualquier trabajo que imagines: en en el sector de la medicina, la enfermería, la educación, el arte... ¡No hay nada que los inmigrantes no puedan hacer!

Pero lo más importante de todo es que los inmigrantes son hermanos, hermanas, madres, padres y tus amigos.

Mi familia es como cualquier otra familia estadounidense.

Peleamos por el control remoto de la TV.

Nos sentamos a comer juntos en la mesa.

Hablamos sobre deportes.

Y de nuestros personajes famosos favoritos.

Aunque no haya nacido en este país, me importa mucho la comunidad donde vivo.

A mí me importa y contribuyo a este país porque **también es mi hogar.**

El estatus legal de una persona no debería utilizarse para estereotipar o deshumanizar a nadie.

La mayoría de las veces, mencionar el estatus legal de alguien o sacarlo a relucir en la conversación, no es necesario.

Todos a tu alrededor merecen ser tratados con respeto, justicia y amabilidad.

Al final, no importa dónde nacimos, o cómo llegamos al país donde vivamos ahora, porque, al fin y al cabo...

Yo no soy ilegal. Yo

no soy un alienígena.

Solo soy

Conclusión
para adultos

Ya que terminaste de leer este libro, tómate tu tiempo para absorber y procesar todo lo que acabo de mencionar. Lo más importante, ¡es hablar del tema! Este libro está aquí para ayudarte a comenzar una conversación acerca de inmigración e inmigrantes con niños y adultos. Para comenzar el viaje a conocer más del tema juntos.

Continúa educándote a ti mismo y a otros sobre inmigración. Y recuerda que si bien hacer preguntas es importante, el valor está en poner atención y escuchar. Porque el conocimiento permite la empatía y la justicia, y establece la bondad y el respeto hacia todos los seres humanos.

Un libro para niños sobre...

un libro para niños sobre racismo
por Jelani Memory

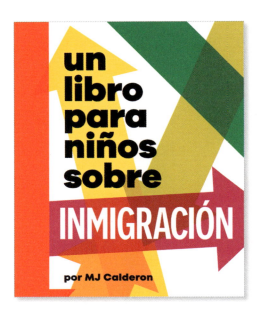
un libro para niños sobre INMIGRACIÓN
por MJ Calderon

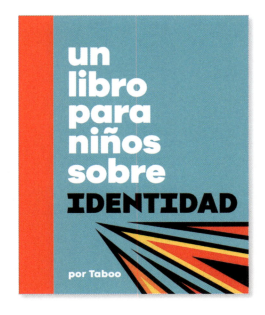
un libro para niños sobre IDENTIDAD
por Taboo